AF258330

BUREAU D'ÉTUDES PARLEMENTAIRES
15, rue de la Ville-l'Évêque

NOTE

SUR LA

RÉFORME DES CAISSES D'ÉPARGNE

PARIS

IMPRIMERIE ET LIBRAIRIE ADMINISTRATIVES ET CLASSIQUES

Paul DUPONT

4, RUE DU BOULOI, 4

1892

N° 29

BUREAU D'ÉTUDES PARLEMENTAIRES

15, rue de la Ville-l'Évêque

NOTE

SUR LA

RÉFORME DES CAISSES D'ÉPARGNE

PARIS

IMPRIMERIE ET LIBRAIRIE ADMINISTRATIVES ET CLASSIQUES

Paul DUPONT

4, RUE DU BOULOI, 4

1892

BUREAU D'ÉTUDES PARLEMENTAIRES
15, rue de la Ville-l'Évêque.

NOTE

SUR LA

RÉFORME DES CAISSES D'ÉPARGNE

RÉGIME ACTUEL

On sait quelle est actuellement l'organisation des Caisses d'épargne en France. Les fonds confiés par les déposants soit aux Caisses privées, dont la première date de 1818, soit à la Caisse Nationale, créée en 1881, sont versés par elles à la Caisse des Dépôts et Consignations. L'Etat en devient ainsi responsable. Il les place en rente et en obligations du Trésor.

La Caisse des Dépôts sert aux Caisses privées un intérêt fixé par la loi (1), sur le produit duquel elles ont à prélever leurs frais de loyer et d'administration (2). La Caisse Nationale reçoit un taux d'intérêt qui ne peut dépasser celui des Bons du Trésor. Elle donne 3 0/0 à sa clientèle.

L'Epargne française tend de plus en plus à s'accroître. En 1866 elle dépassait à peine 500 millions. Elle était de 1.400 millions en 1881. Au 31 décembre 1890, le solde débiteur n'était pas inférieur à 3 milliards 59 millions de francs (3); et il est permis de supposer que, dans un temps

---

(1) 3.75 0/0 depuis le 1er janvier 1891 — Loi du 26 décembre 1890, art. 55.

(2) Cette retenue est obligatoire pour 1/4 0/0 et facultative pour un autre 1/4 0/0. En aucun cas, elle ne peut s'élever au-dessus de 1/2 0/0 — Loi du 30 juin 1851, art. 7.

(3) Ce chiffre se décompose ainsi :

Ensemble des Caisses privées   2.727.453.461 fr.

Caisse Nationale. . . . . . .   332.073.912 fr.

3.059.527.373 fr.

plus ou moins prochain, le montant des dépôts dépassera cinq, six, peut-être même dix milliards.

Cette situation, si favorable qu'elle paraisse, offre cependant de graves inconvénients et de sérieux dangers qui tiennent précisément au régime sous lequel sont placées les Caisses d'épargne.

L'Etat, en effet, ne pouvant laisser improductives les sommes qu'il reçoit, sous peine d'avoir à prélever sur ses propres ressources l'intérêt dont il doit compte, est dans l'obligation de les transformer en valeurs, c'est-à-dire d'en compromettre l'entière disponibilité. L'éventualité d'un remboursement général et immédiat le placerait dans une situation d'autant plus redoutable qu'au moment où elle se produirait, les fonds publics, dont il détient une portion chaque jour plus considérable grâce à l'afflux constant de l'épargne, subiraient eux-mêmes une très sensible dépréciation. Ce serait un véritable étranglement.

D'autre part, si la Caisse des Dépôts, en absorbant une certaine fraction de la Rente française, fait bénéficier le cours de cette valeur d'une incontestable fermeté, elle détourne de leur destination naturelle les menues disponibilités drainées sur toute l'étendue du territoire par les Caisses d'épargne. Il est vrai que les détenteurs des titres ainsi achetés reçoivent, en payement, des sommes qu'ils se proposent d'utiliser autrement et d'une manière au moins aussi avantageuse. Mais il y a de grandes chances pour que cet argent, une fois sorti du réservoir commun, ne remonte pas à sa source et que, par suite, les petites entreprises locales n'aient point le profit de son emploi. Les capitaux restent plutôt concentrés, ou, s'ils se répandent, c'est entre les mains de personnes que l'on ne saurait compter parmi les modestes pratiquants de l'épargne.

Enfin, l'accroissement du solde dû par les Caisses ne tient pas seulement au développement de l'esprit de prévoyance. Moins que jamais l'on n'oserait affirmer que chaque dépôt constitue réellement le germe d'un capital en voie de formation. Trop souvent, au contraire, les Caisses ne sont considérées que comme des banquiers complaisants, chargés de procurer à tout venant un compte courant, un placement provisoire, que les circonstances peuvent rendre particulièrement avantageux. L'institution tend donc à dévier de son but, en même temps que sa clientèle semble changer de nature.

PROJETS DE RÉFORME

L'attention du Parlement a été souvent appelée sur ces diverses questions. Au cours de la précédente législature, plusieurs projets lui ont été soumis (1). Renvoyés à l'examen d'une Commission, combinés et remaniés par elle, ils ont été fondus en une proposition de loi présentée par le rapporteur, M. Hubbard, dans la séance du 27 juillet 1887.

Cette proposition n'ayant pu venir en ordre utile, a été reprise par ses auteurs et déposée, avec le même exposé des motifs, sur le bureau de la Chambre actuelle (séance du 14 novembre 1889) qui en outre a été saisie, le 20 mai suivant, d'un projet élaboré par le Gouvernement. Une nouvelle Commission (2) fut chargée de l'étude de ce projet et de la première proposition.

Chacun d'eux procède de principes opposés.

La précédente Commission s'était surtout préoccupée de « laisser à l'initiative individuelle tout le champ qu'elle voudrait prendre, et, à son défaut, de ménager à l'organisme social les moyens de suppléer à cette initiative ou de donner satisfaction à ceux qui refuseraient de se confier à elle ». Les

---

(1) *(a)* Proposition de M. Hubbard et de plusieurs de ses collègues tendant à régler l'emploi des fonds des Caisses d'épargne et à le rendre productif. (Dépôt du 21 novembre 1885.)

(b) Proposition de M. le Comte de Colbert-Laplace et de plusieurs de ses collègues tendant à assurer l'alimentation de la Caisse des Chemins vicinaux. (Dépôt du 15 juin 1886.)

(c) Projet de loi sur les Caisses d'épargne déposé au nom du Gouvernement par M. Sadi-Carnot, Ministre des Finances. (Dépôt du 6 juillet 1886.)

(d) Proposition de M. Lockroy tendant à la constitution du Crédit populaire par les Caisses d'épargne. (Dépôt du 2 juin 1887.)

(2) Cette Commission est composée de MM. Sarrien, président; Hubbard, secrétaire; Arthur Leroy (Côte-d'Or); Antonin Dubost, Charles-Roux, Reybert, Terrier, Edouard Aynard, Obissier-Saint-Martin, Léon Say, Laroche-Joubert.

Caisses privées devaient avoir une indépendance absolue : elles étaient libres ou de faire emploi de leurs fonds elles-mêmes, sous la responsabilité de leurs administrateurs, ou de les verser à la Caisse des Dépôts, chargée de gérer ces capitaux sans bénéfice ni perte pour l'Etat.

Le Gouvernement, au contraire, s'en tient au *statu quo*. L'obligation de recourir à la Caisse des Dépôts, imposée aux Caisses d'épargne privées par le décret du 15 avril 1852, est consacrée par l'article premier du projet de loi, et les principales modifications proposées n'ont d'autre objet que de régler les relations des Caisses avec le Trésor ou d'assurer aux déposants un supplément de garanties.

La divergence est donc absolue. On ne saurait la regarder comme atténuée par ce fait que, dans les deux systèmes, se révèle la commune préoccupation d'imposer à l'intérêt bonifié aux capitaux d'épargne les variations qui affectent le loyer réel de l'argent, d'étendre le cadre des placements que la Caisse des Dépôts pourrait effectuer et de constituer d'une façon définitive un fonds de réserve général.

Entre ces deux extrêmes, la Commission a cru devoir adopter un moyen terme.

Le projet du Gouvernement lui paraissant trop restreint, elle l'a quelque peu étendu. Puis, comme, à l'inverse, les différentes propositions émanées de l'initiative parlementaire semblaient devancer l'heure où elles seraient acceptables dans leur entier, la Commission a jugé prudent d'apporter moins de hâte dans la transformation de l'organisation actuelle. Après avoir maintenu le principe du versement à la Caisse des Dépôts, elle a pensé remplir le but qu'elle s'est proposé de « **réformer sans alarmer** », selon l'heureuse expression du rapporteur, M. Aynard, en accordant une liberté, encore très limitée, aux seules Caisses qui se trouvent dans des conditions particulières. Enfin plusieurs dispositions ont été insérées, qui tendent à écarter des Caisses d'épargne « la fausse clientèle » de ces institutions.

Cette détermination semble justifiée.

La question des Caisses d'épargne peut, en effet, se résumer ainsi : « **Le déposant renoncerait-il à la garantie de l'État ?** »

Certains l'espèrent. Ils désirent même que l'expérience soit faite et ils ont confiance dans ses résultats. Pour eux, d'ailleurs, les Caisses ne sont pas seulement destinées à recueillir les épargnes ; elles ont encore pour mission d'en faire l'emploi le plus favorable au développement économique du pays, et cela n'est possible que si ces établissements jouissent d'une grande latitude. Leur idéal serait l'utilisation directe de l'épargne au profit du travail industriel et agricole, sur les lieux mêmes où elle a pris naissance. Mais, ils se contenteraient, pour l'instant, des avantages que pourraient assurer et la liberté des placements et l'acquisition de valeurs moins sensibles aux crises nationales que les fonds d'Etat. Ils demandent donc que l'on ouvre franchement la voie au progrès, dans l'espérance que les conseils d'administration des Caisses d'épargne, pénétrés de l'importance de leurs devoirs, ne craindront pas d'assumer de nouvelles responsabilités, et que les syndicats agricoles ou professionnels deviendront dignes d'être crédités par les épargnes populaires. A ceux-là, le projet de M. Hubbard donnerait pleine satisfaction.

D'autres, au contraire, se montrent pessimistes, et il y a lieu de supposer que le gouvernement partage leurs appréhensions. Ils font remarquer que le « laisser-faire » appliqué à la prévoyance n'est pas sans présenter de réels dangers. Le déposant, comme le rat des champs, est fort timide ; le moindre bruit l'effraie et il a bientôt fait de quitter la partie. Que des rumeurs alarmantes s'élèvent au sujet de telle ou telle valeur assez répandue, qu'une Caisse succombe, atteinte par le contre-coup d'une catastrophe financière, l'inquiétude, la panique se répandront aussitôt dans la région, peut-être dans le pays tout entier.

Pour peu que le fait se reproduise, les épargnants déserteront les caisses privées et ne s'adresseront plus désormais qu'à la Caisse postale qui jouit de la garantie de l'Etat — garantie réputée la meilleure par les déposants et à laquelle ils sont habitués depuis de longues années.

Que l'on consulte, du reste, l'histoire de l'épargne en France.

L'on verra que les conseils d'administration, laissés libres par la loi du 31 mars 1837 d'effectuer eux-mêmes leurs placements ou de recourir aux bons offices de la Caisse des Dépôts et Consignations, se sont empressés de prendre ce second parti, afin de se décharger de toute responsabilité.

L'empressement fut tel que le Gouvernement n'hésita pas à transformer cette simple faculté en obligation par le décret du 15 avril 1852. Les administrateurs d'aujourd'hui diffèrent peu des administrateurs d'alors. Car, en 1888, la délégation du Congrès des caisses d'épargne écartait le système de la liberté intégrale et proposait de réserver au libre emploi le quart seulement des fonds reçus au 31 décembre du dernier exercice. Deux ans après, en 1890, revenant sur cette modeste concession, elle se prononçait en faveur du *statu quo*. Symptôme peu encourageant pour les novateurs!

Ne peut-on dire, en dernier lieu, que les placements et les opérations, que l'on serait si heureux de voir confiés à chaque caisse en particulier, n'excéderaient ni la capacité, ni la compétence de la Caisse des Dépôts, gérante du patrimoine de l'ensemble des institutions d'épargne? Eloignée des influences locales, n'apparaît-elle pas, au contraire, à l'esprit comme le plus intègre et le plus prudent des mandataires auxquels puissent être remis les fonds des déposants?

En présence de ces contradictions, dont chacune peut offrir une part de vérité, la Commission s'est préoccupée surtout de les concilier dans la mesure du possible, et c'est dans ce sentiment que, renonçant à redresser brusquement l'esprit public, elle s'est arrêtée à une **loi de transition**, à « **un système d'acclimatation** ».

Elle a jugé que, s'il était imprudent d'abandonner à la liberté ceux qui n'en veulent pas, on deviendrait presque coupable en la refusant à ceux qui, sous leur propre responsabilité, voudraient l'utiliser au profit des véritables intérêts populaires; elle a cherché la réalisation de ce programme dans la formule de M. Léon Say : « **Faire un essai, en s'entendant avec les Caisses d'épargne les plus sérieuses** ».

PROPOSITIONS DE LA COMMISSION

Organisation des Caisses d'épargne.

Le régime préconisé par la Commission — qui n'avait pas à s'occuper de la Caisse Nationale à la constitution de laquelle il n'est point touché — concerne :

1° Les Caisses ordinaires, qui correspondent aux Caisses privées actuelles ;

2° Les Caisses libres, catégorie nouvelle comprenant :

a) les Caisses entièrement autonomes, et n'ayant aucun lien ni avec une commune, ni avec un département, ni avec un établissement public ;

b) les Caisses possédant une fortune personnelle ;

c) les Caisses spécialement autorisées par décret à opérer elles-mêmes le placement d'une partie des dépôts qu'elles ont reçus.

Caisses d'épargne ordinaires.

Versement des fonds à la Caisse des Dépôts et Consignations (Art. 1er). — Les Caisses d'épargne ordinaires sont tenues de verser toutes les sommes qu'elles reçoivent de leurs déposants à la Caisse des Dépôts et Consignations, qui doit leur servir un intérêt déterminé.

Prélèvement sur le produit des placements (Art 8). — Sur cet intérêt, elles opèrent un prélèvement dont le maximum ne pourra dépasser 0 fr. 50 pour l'ensemble des comptes, et qui est destiné à faire face :

1º Aux frais de loyer et d'administration ;

2º A l'établissement d'une réserve spéciale.

Réserve spéciale (Art. 9). — Cette réserve spéciale se compose :

1° De la dotation existante, des dons et des legs ;

2º Des économies réalisées sur le prélèvement ;

3º Des intérêts et primes d'amortissement provenant de la réserve elle-même.

Elle constitue la *fortune personnelle* ou le *fonds de réserve* de la Caisse, et doit supporter toutes les pertes résultant de faits de gestion.

Gestion de la fortune personnelle (Art. 10 et 15). — La réserve ou fortune personnelle peut être employée :

1° En valeurs d'Etat, ou jouissant d'une garantie de l'Etat ;

2° En obligations négociables des départements, des communes, des Chambres de commerce, en obligations foncières et communales du Crédit Foncier ;

3° Ou suivant tout autre mode prévu par les statuts revêtus de l'approbation du Conseil d'Etat.

Caisses d'épargne libres.

Régime (Art. 16). — En principe, les Caisses libres sont astreintes aux mêmes règles que les autres Caisses d'épargne toutes les fois qu'elles ne font pas l'objet de dispositions particulières.

Versement des fonds à la Caisse des Dépôts et Consignations (Art. 13). — Elles sont tenues de verser à la Caisse des Dépôts et Consignations tous les fonds qu'elles reçoivent des déposants.

Retraits avec faculté du libre emploi (Art. 11 et 13). — Toutefois elles peuvent opérer des retraits en vue d'effectuer des placements directs. Mais le chiffre total de ces placements ne doit pas dépasser :

1° Six fois le montant de la fortune de la Caisse;

2° Le quart des dépôts reçus au 31 décembre de l'exercice écoulé.

Réserve et fortune personnelle (Art. 14). — Tous les bonis et accroissements, quels qu'ils soient, sont portés à la réserve tant que la fortune personnelle ne représente pas le huitième des dépôts constatés à la fin du dernier exercice.

Avances. (Art. 18). — Les Caisses d'épargne libres peuvent réaliser des avances sur les valeurs composant leur portefeuille soit auprès de la Banque de France, soit auprès de toute autre Société de Crédit.

Publicité spéciale (Art. 17). — Tout livret émanant d'une Caisse d'épargne libre doit mentionner, d'une façon très apparente, les dispositions particulières, qui régissent les institutions de cette catégorie. Il doit indiquer notamment que l'Etat ne garantit que le remboursement des fonds versés à la Caisse des Dépôts et Consignations.

Emploi des Fonds.

Fonds versés à la Caisse des Dépôts.

Rôle de la Caisse des Dépôts. — La Caisse des Dépôts et Consignations reçoit donc, indépendamment de ses rapports avec la Caisse nationale :

1° L'intégralité des fonds versés dans les caisses ordinaires;

2° La totalité des sommes confiées aux caisses libres, sauf faculté pour celles-ci d'opérer des retraits jusqu'à concurrence du quart au maximum.

Compte courant au Trésor (Art. 1ᵉʳ). — La Caisse peut conserver une partie de ces fonds — 100 millions au plus — pour assurer le service des remboursements. Cette somme, placée en compte courant au Trésor, est productive d'intérêts au taux fixé par le Ministre des Finances, dans les mêmes conditions que pour les autres éléments de la dette flottante.

Placement en valeurs (Art. 1ᵉʳ). — Le reste des dépôts est converti :

1° En valeurs d'Etat, ou jouissant d'une garantie de l'Etat ;

2° En obligations négociables des départements, des communes, des Chambres de commerce, ou en obligations foncières et communales du Crédit Foncier.

Intérêt servi par la Caisse des Dépôts (Art, 5). — Cet intérêt est déterminé d'après le revenu du compte courant du Trésor et celui du portefeuille. Il est fixé par décret, pour l'exercice suivant, avant le 1ᵉʳ novembre de l'année courante.

Les variations ont lieu par fraction indivisible de 0,25 0/0. La différence entre le revenu réel et le taux servi est prélevée au profit d'un fonds de réserve.

Fonds de réserve et de garantie (Art. 6 et 7). — A ce fonds sont affectés :

1° Le fonds de réserve actuel ;

2° Les excédents des intérêts des placements de fonds provenant des Caisses d'épargne, sur les intérêts servis à ces Caisses ;

3° Les intérêts et primes d'amortissement provenant de ce fonds lui-même.

Sont imputés sur la réserve :

1° Les pertes résultant de différences d'intérêt ou d'opérations de remboursement ;

2° Les prélèvements ou avances rendus nécessaires par des faits de gestion, au cas d'insuffisance de la fortune personnelle de la Caisse d'épargne.

Fonds de libre emploi.

Placement (Art. 12). — Le libre emploi peut s'effectuer :

Pour la totalité :

1° En valeurs d'Etat, ou jouissant d'une garantie de l'Etat ;

2° En obligations négociables des départements, des communes, des Chambres de commerce, des monts-de-piété et autres établissements publics du département où la Caisse d'épargne libre est établie ; en obligations du Crédit Foncier de France et des Compagnies de chemins de fer à revenu garanti par l'Etat ;

3° Suivant tout autre mode prévu par les Statuts approuvés par le Conseil d'Etat.

Jusqu'à concurrence de 20 0/0 :

1° En prêts aux syndicats agricoles, d'irrigation, de dessèchement, de colmatage, d'endiguement dans le département où se trouve située la Caisse d'épargne libre ;

2° En réescompte de valeurs de banques populaires ou associations coopératives de crédit du même département.

Jusqu'à concurrence de 10 0/0 :

En actions et obligations de Sociétés de construction d'habitations à bon marché et d'associations coopératives de production ou de consommation.

Publicité spéciale (Art. 15). — Les Caisses d'épargne libres doivent, au moins deux fois chaque année, faire connaître aux déposants la nature des placements directement effectués par elles.

Mesures contre la fausse épargne.

Maximum des versements (Art. 4). — Le chiffre des versements ne peut être supérieur à 300 francs par quinzaine.

Limitation des remboursements (Art. 3). — Les fonds réclamés par les déposants sont remboursés :

1° En temps normal :

A vue, jusqu'à concurrence de 500 francs ;

Trois mois après la demande de retrait, pour toute somme supérieure à 500 francs.

2° Quand les circonstances l'exigent :

Après un décret rendu sur la proposition du Ministre du Commerce, à raison de 50 francs seulement par quinzaine pour chaque livret.

Ces dispositions restrictives sont inscrites en tête des livrets et affichées dans le local des Caisses d'épargne.

Interdiction du cumul des livrets (Art. 26). — Nul ne peut avoir simultanément plusieurs livrets d'un même établissement ou d'établissements différents, sous peine de perdre l'intérêt de la totalité des sommes déposées.

Graduation du taux de l'intérêt suivant l'importance des dépôts (Art. 8). — Le taux d'intérêt payé par les Caisses d'épargne aux déposants peut être ou uniforme pour tous les comptes, ou gradué suivant leur importance.

Dans ce dernier cas, les livrets inférieurs à 500 francs seront favorisés soit par des primes, soit par une graduation du taux.

Dispositions diverses.

Conversion de dépôts en rentes (Art. 2). — Elle a lieu sans prime ou avec prime.

Sans prime :

Tout déposant, dont le crédit est suffisant pour permettre l'achat d'une rente de 10 francs au moins, peut demander à la Caisse d'épargne l'attribution sans frais de cette rente. La Caisse se procure le titre soit par voie d'achat, soit par prélèvement sur le portefeuille représentant les fonds des Caisses d'épargne, suivant que l'une ou l'autre combinaison paraîtra plus avantageuse.

Avec prime :

La rente peut même être délivrée au déposant à un cours inférieur au cours moyen. Mais alors le titre porte une réserve d'inaliénabilité pour une période variant de un à trois ans.

' Une prime sur chaque opération de cette nature sera accordée à la Caisse d'épargne qui en aura été l'intermédiaire,

Contrôle (Art. 20 et 23). — Intérieur. — Aucune opération entraînant un mouvement de fonds ou de valeurs n'est valable que si le reçu consigné sur le livret porte, outre la signature du caissier, le visa et la signature de l'administrateur ou de l'agent chargé du contrôle.

Extérieur. — En plus des tournées de l'inspection générale des finances et de la surveillance des receveurs des finances, les Caisses d'épargne sont soumises à la vérification d'une inspection spéciale en ce qui concerne notamment la délivrance des livrets, les dépôts et les remboursements.

CONCLUSION

L'adoption des mesures proposées par la Commission n'aurait pas seulement pour résultat d'éclaircir l'horizon, de faire disparaître le véritable sentiment d'oppression partagé par tous ceux que préoccupe l'avenir financier du pays. Elle produirait aussi ce salutaire effet de ramener les administrateurs des Caisses d'épargne à l'observance des seuls principes qui puissent permettre à ces institutions de remplir pleinement leur but et de réaliser leur maximum d'utilité.

Les personnes bienfaisantes, qui ont établi les premières Caisses d'épargne créées en France, se proposaient surtout d'assurer de bons rapports sociaux entre eux et leur clientèle, de servir de guide et de conseil à leurs déposants. Deux des plus importantes, les Caisses de Lyon et de Marseille, ont tenu à honneur de conserver cette tradition ; on sait que récemment elles ont même contribué, de leur fortune personnelle, à des œuvres destinées à améliorer le sort des classes ouvrières.

Mais, sous la double influence des nécessités pratiques et d'une tendance unitaire excessive, cet heureux point de départ a été bientôt perdu de vue. La difficulté de rencontrer un nombre suffisant d'hommes généreux pour constituer, au moyen de libéralités particulières, les fonds de première mise et de dotation de chaque Caisse nouvelle, conduisit trop souvent les fondateurs à faire appel aux Conseils municipaux, à rechercher leur patronage ou bien à l'accepter. L'Etat, sollicité à son tour de faciliter aux administrateurs le placement des dépôts, ne prêta son concours qu'en échange de certaines garanties lui ménageant une intervention plus ou moins directe dans la gestion et le fonctionnement des Caisses privées.

C'est ainsi que peu à peu ces Caisses sont arrivées à ce point qu'on peut les considérer aujourd'hui comme de « simples guichets du Trésor ». Elles ne sont plus que des intermédiaires sans indépendance, n'ayant pour ainsi dire ni personnalité, ni existence propre.

Le manque d'initiative et la crainte des responsabilités auxquels est due cette fâcheuse métamorphose ne sont certes pas irrémédiables. En convenir serait avouer notre incapacité, reconnaître notre déchéance. Car chez d'autres nations existent et prospèrent des établissements d'épargne dont la liberté n'a subi aucune atteinte; le libre emploi y fleurit et l'on y goûte ses bienfaits dans la plus grande tranquillité d'esprit.

Si, malgré ces exemples, on voulait encore douter, il serait sage, tout au moins, avant de proclamer notre impuissance, d'attendre les résultats de l'effort que la Commission conseille de tenter.

L'expérience paraît se présenter dans les conditions les plus favorables. Le développement de l'épargne française est tel que l'abandon des expédients législatifs ou administratifs, imaginés pour seconder son essor, offrirait plutôt des avantages que des inconvénients. D'ailleurs, il ne s'agit point d'une aventure ; la transition est ménagée avec une grande prudence.

En un mot, le projet ne saurait inspirer d'appréhension. Il répond, au contraire, aux espérances de ceux qui ont à cœur de voir aboutir une des plus importantes et, peut-être, la plus urgente parmi les réformes qui s'imposent aujourd'hui à l'esprit public.

15 mai 1892.

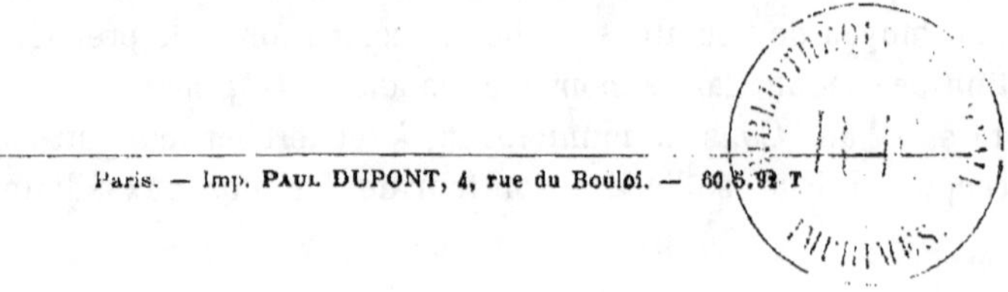

Paris. — Imp. PAUL DUPONT, 4, rue du Boulof. — 60.5.92 T